JOURNAL
DU
COLONEL MAJOU

(MARS–NOVEMBRE 1812)

Extrait de la *Revue des Études Historiques*
(Nouvelle série, t. I, 1899)

PARIS
ANCIENNE LIBRAIRIE THORIN ET FILS
ALBERT FONTEMOING, ÉDITEUR
Libraire des Écoles Françaises d'Athènes et de Rome
du Collège de France, de l'École Normale Supérieure
et de la Société des Études historiques
4, RUE LE GOFF, 4

Journal du colonel Majou

MARS-NOVEMBRE 1812

L'intérêt des souvenirs[1] publiés ici est d'avoir été écrits au jour le jour, pour la plus grande partie du moins. C'est le carnet où chaque soir, à l'étape, après avoir expédié sa besogne d'officier d'état-major, le colonel notait ce qui lui paraissait particulièrement intéressant à se rappeler, ou les renseignements particuliers qui ne trouvaient pas place dans les rapports spéciaux.

Sur l'original il est facile de distinguer, par les différences d'encre, les rédactions successives. On peut, au point de vue de la composition, diviser ces souvenirs en trois parties. La première, de la Rochelle au départ de Francfort; on y trouvera des remarques amusantes et des jugements — sur le théâtre entre autres — que la postérité n'a pas ratifiés. La seconde partie comprend les notes prises chaque jour pendant la marche sur Moscou et va jusqu'à 17 octobre, jour où l'état-major du Roi de Naples quitta cette ville. La troisième partie est écrite un peu postérieurement aux faits, et d'un seul jet.

On pourra voir que le colonel Majou, bien que relevant à l'occasion ce qu'il estimait être une erreur ou une faute de ses chefs, ne montre pas ce pessimisme et cette méfiance qui, au dire de Ségur ou de Labaume, eux aussi témoins oculaires cependant, mais écrivant après coup dans le silence du cabinet, et jugeant en face des événements accomplis, auraient envahi toute l'armée. Il est vrai que constamment à l'avant-garde il a peut-être moins souffert de privations que le gros de l'armée : mais jamais, non plus, il ne semble confier à son carnet intime le moindre doute sur le succès final; toujours il est plein d'entrain.

Le colonel Louis-Jacques-Luc Majou, officier de la Légion d'honneur, né à Mouilleron (Vendée) le 11 novembre 1764 et décédé à Sainte-Hermine (Vendée) le 26 février 1832, entra au service dans une compagnie franche de La Rochelle[2]; sous-lieutenant le 4 août 1792, lieutenant le 25 du

---

1. Communication de M. Paul MARCHEGAY.
2. La compagnie franche de La Rochelle fut réunie à plusieurs compagnies de chasseurs qui formèrent, le 15 ventôse an II, le 1er bataillon de chasseurs de l'armée des Alpes, qui fut amalgamé, le 1er germinal suivant, avec le 3e bataillon d'infanterie légère et le bataillon de chasseurs révolutionnaires pour former la 3e demi-brigade d'infanterie légère. (D'après les états de service du colonel Majou.)

même mois, capitaine au 1er bataillon de chasseurs de l'armée des Alpes, le 15 mars 1794; aide de camp du général Belliard en l'an VI; chef de bataillon-aide de camp en Egypte, le 9 juillet 1800; colonel le 4 août 1812, il resta attaché à l'état-major général de la cavalerie jusqu'au 8 juillet 1814 où il fut mis en non activité par le lieutenant général comte Maurice Mathieu. Il avait fait toutes les campagnes depuis et y compris 1792 jusqu'à et y compris 1813, Savoie, Italie, cinq ans en Egypte, Allemagne, Espagne, Russie.

G. D. [uval]

Notes commencées le 7 mars 1812. — Du 7 avril 1812 [1]. J'ai parti de La Rochelle à 4 heures pour aller rejoindre le général Belliard en Allemagne.

Le 11, j'arrivai à Paris, par la diligence, à 8 heures du soir. J'allai au Théâtre Français; on y jouait *le Bourgeois Gentilhomme*, auquel les Parisiens courent plus qu'à une bonne pièce de haut comique. J'ai trouvé ce théâtre bien dégénéré pour le talent des acteurs, tant au tragique qu'au comique : Talma surtout, me paraît beaucoup au-dessous de sa réputation. Son principal talent est son costume; il n'a, même dans sa pièce de triomphe que quelques beaux moments, jamais bon dans une pièce entière, et souvent au-dessous du médiocre, une déclamation traînante qui ennuie, et jamais de ces élans qui ravissent. Il faut cependant convenir qu'il y a encore, à ce théâtre, un ensemble très satisfaisant et, surtout, de l'étoffe pour mieux faire, si l'autorité y tient la main. Quant au Grand Opéra, le charme de sa décoration, de ses ballets, son ensemble grandiose et vraiment national forcent de pardonner à une musique souvent très ennuyeuse, malgré les prodigieux efforts du savant compositeur. Le théâtre de l'Odéon offre dans l'*Opéra Buffa* la musique par excellence, la musique du cœur, une exécution admirable et une réunion de chanteurs italiens telles qu'on n'en trouve jamais de pareilles en Italie. Tous les autres théâtres de Paris ont, quoique dans un style moins relevé, un mérite réel pour satisfaire tous les goûts, et ils sont fort suivis.

Les constructions et les embellissements que le gouvernement a projetés dans Paris, qu'il a déjà fortement ébauchés et qu'il suit à pas de géant, feront dans peu de cette capitale la mère patrie des

---

1. L'original porte avril, mais on doit lire mars, comme à l'en-tête de ces notes.

arts et de la magnificence européenne, comme elle est le siège et la résidence du plus grand homme de bien des siècles.

Le 1ᵉʳ avril, je partis de Paris et arrivai à Mayence le 6. Toute la partie conquise depuis Saarbrück jusqu'à Mayence est belle généralement et assez cultivée, mais me paraît médiocrement peuplée. La classe moyenne et l'inférieure, quoique avec de bons vêtements qui annoncent l'aisance, sont sales et même dégoûtants. Mayence, malgré sa belle situation sur la rive gauche du Rhin, qui baigne ses murs, présente un aspect de tristesse aux voyageurs ; c'est peut-être l'effet d'une faible population, en proportion de son étendue, de beaucoup de grands bâtiments inoccupés et de sa fortification très élevée qui masquent la vue extérieurement. Au surplus sa situation sur le Rhin doit lui être très avantageuse ; les circonstances du moment ne permettent pas de juger jusqu'à quel point son commerce peut s'étendre.

Le 8 avril, je partis de Mayence et arrivai à Francfort vers 4 heures du soir. La distance entre ces deux villes est de deux postes d'Allemagne ou quatre postes de France. Francfort, sans être une ville régulièrement bâtie, peut être regardée comme une des plus jolies de l'Europe. Sa situation sur le Mein entre l'Allemagne et la France y a fait l'entrepôt d'un commerce immense en marchandises de toute espèce, surtout en produit des fabriques de toute l'Europe, branche primitive qui naturellement a créé celle de la banque pour réaliser les payements d'achat et de vente. Avant la guerre de la Révolution française, Francfort avait peu de relations commerciales avec l'Angleterre : mais le blocus universel des places maritimes de l'Europe étant momentanément en faveur de cette puissance par la prépondérance de ses flottes, les marchandises ont formé à Francfort une nouvelle branche de commerce très importante, tant pour les denrées coloniales que pour les produits de manufacture que les Anglais y ont introduits, jusqu'au moment où l'empereur Napoléon dominant le système politique de l'Europe, a pu faire fermer la mer aux Anglais jusqu'à Memel. Francfort souffre donc de la perte de cette partie de son commerce, à quoi il faut ajouter une perte plus sensible encore, ses communications anciennes et l'immense entrepôt des fabriques d'Allemagne, de France, etc. ; de plus les changements politiques survenus en Allemagne, la détérioration de ses foires et l'état de guerre actuel. Cet ordre de choses fera peut-être désirer aux commerçants de Francfort d'être réunis à la France ou à quelque autre puissance marquante. Cette jolie ville contient quarante à cinquante mille habitants. Elle offre aux étrangers des agréments en tous genres, autant qu'une cité beaucoup plus vaste et plus peuplée.

Autant que j'ai pu en juger par dix jours de séjour à Francfort, les habitants me paraissent affables et de mœurs fort douces ; beaucoup de luxe d'équipages et de faste dans la grande société ; aucun commerçant qui n'ait sa maison de campagne où il donne des fêtes pendant la belle saison. Les maisons y donnant de grands revenus on en a bâti d'immenses, fort élégantes et bien distribuées ; les loyers y sont fort chers et les dépenses de première nécessité considérables. L'entretien d'une maison de commerce de moyenne classe n'est pas au-dessous de 10 à 15.000 francs. Francfort offre peu d'établissements publics remarquables ; un théâtre médiocre, une bibliothèque et un muséum renfermant peu d'objets d'art. Les femmes ont généralement peu de grâce, trop d'embonpoint, de gros pieds, les jambes fortes, le corps sans élégance et manquant de cette propreté qui supplée à tant d'autres appas. Au surplus, leur société n'est pas sans agrément ; plusieurs ont un beau sang, la peau blanche et fine. Elles me paraissent avoir plus de décence réelle et plus de vertus domestiques qu'en plusieurs autres villes d'Europe. Les hommes, continuellement occupés à un grand commerce de détail, me paraissent généralement sédentaires dans leur famille sans s'abandonner aux désordres qui détruisent le bonheur du lien conjugal.

Le 17, je partis de Francfort par une voiture publique appelée diligence, mais qui n'est réellement qu'une charrette assez mal couverte par une caisse de bois non suspendue. Il y a loin de ces voitures à nos diligences de France, quoique ces dernières ne soient pas aussi commodes qu'elles devraient être. Malheur à qui veut voyager en Allemagne sans avoir une bonne voiture à lui ; même avec cette précaution il éprouvera bien des obstacles, des dégoûts et des contrariétés. L'Allemagne ayant beaucoup de petits États, on arrive souvent à de nouvelles frontières, où les embarras recommencent, où les monnaies changent, et où il y a de nouvelles formalités à remplir. Sortant du duché de Francfort, je passai par Friedberg, appartenant au landgrave de Hesse-Darmstadt, petite ville qui n'offre rien d'intéressant que sa situation sur le Mein, à environ six lieues de Francfort. De là à Eisenach, jolie ville du même duché, que je ne vis que de nuit ; elle est environ à 45 lieues de Francfort. A 6 lieues d'Eisenach, nous arrivâmes à Gotha appartenant au duc de ce nom. Cette ville est petite, mais dans une situation délicieuse. Le Palais, résidence du prince, situé sur une hauteur qui domine la ville, offre un coup d'œil admirable ; il est entouré d'une promenade dont pourrait s'honorer une grande ville.

A six lieues de Gotha, j'arrivai à Erfurth, grande et assez belle ville, fort dépeuplée depuis la suppression des ordres monastiques, qui y ont laissé pour souvenir une grande dépravation de mœurs et une fourmilière de femmes publiques.

A six lieues d'Erfurth, je passai par Weimar appartenant au duc de ce nom, et sa résidence : petite ville intéressante. De là à Naunbourg appartenant au roi de Saxe, dans une charmante situation, à la suite de deux gorges de montagne et dans un sol bien cultivé.

A huit lieues de Naunbourg, nous passâmes par Lutzen, petite ville fameuse par la bataille que Gustave-Adolphe, roi de Suède, y livra aux Impériaux et où ce prince fut, dit-on, tué par un duc Albert, l'un de ses généraux, qui passa immédiatement après dans l'armée autrichienne dont il eut le commandement.

Le 22, j'arrivai à Leipzig ; c'était l'époque de sa foire si renommée, où se rendent des vendeurs et des acheteurs des quatre parties du monde connu. Les circonstances des grands mouvements de troupes dans tout le nord de l'Europe l'ont rendue presque nulle ou de peu d'importance. Leipzig est assez bien bâtie, et même beaucoup plus régulièrement que Francfort-sur-le-Mein ; mais cette dernière ville est beaucoup préférable à mon goût. J'ai visité l'Université de Leipzig, fameuse depuis un siècle par les grands hommes qu'elle a produits, entre autres Leibnitz. Ce bâtiment est très médiocre et la bibliothèque en assez mauvais état : toutes les branches d'instruction y paraissent fort déchues. La salle de spectacle est également très médiocre et surtout très mal éclairée. Le seul monument un peu remarquable est l'église Luthérienne qui, entre autres choses, est ornée de quelques bons tableaux d'Essig, peintre allemand, et d'un jeu d'orgue. Leipzig a été anciennement fortifiée ; mais on a établi d'assez jolies promenades en leur place. La ville y gagne en agrément et en salubrité. De Leipzig à

Francfort-sur-le-Mein, il y a 42 milles d'Allemagne ou 84 lieues de poste de France.

Le 25, je partis de Leipzig pour Berlin. L'espace qui sépare ces deux villes, d'environ 46 lieues de France, serait un désert comme ceux de l'Arabie peut-être, avec un gouvernement turc ou persan ; ce sont des sables continuels. On voit cependant, de distance en distance, des parties cultivées où l'industrie des hommes paraît faire de grands efforts. On rencontre quelques petites villes et des villages : Wittenberg et Treuenbriczen sont les deux seules villes dignes d'être citées dans un sol aussi ingrat et où, néanmoins, on est forcé de reconnaître le génie des souverains de la Prusse et notamment du grand Frédéric : il est tout naturel de penser que les déserts ne se fertilisent pas là où le gouvernement opprime le cultivateur. Ces sables, toujours mouvants sous les pieds du voyageur l'accompagnent jusqu'aux portes et même jusque dans la ville de Berlin qui, située dans un terrain plat, n'offre aucun point de vue extérieur que les sommités de quelques édifices publics.

Berlin offre un coup d'œil magnifique et d'autant plus extraordinaire que, pour y arriver, on n'a vu que des maisons mesquines, bâties en bois et couvertes de chaume. Son immense étendue, ses vastes rues bien alignées et bien bâties, ses beaux et nombreux édifices publics et beaucoup d'autres beautés prouvent que le grand Frédéric projetait d'agrandir son empire et d'en reculer fortement les limites. Berlin pourrait contenir autant d'habitants qu'il en existe à Paris ; il y en a à peine le cinquième. On ne doit pas non plus oublier Postdam où le gouvernement prussien paraît avoir voulu créer un second Versailles.

Mais hélas, Berlin et Postdam déclinent journellement ; les monuments publics se dégradent sensiblement, sans être réparés : tout annonce la décadence et elle existe peut-être sans retour. On n'est plus aussi étonné de la chute presque magique de ce gouvernement, quand on est convaincu de la faiblesse de ses moyens réels : peu de territoire, peu de revenu et une armée immense dans l'état présent des affaires. La Prusse épuisée en ressources pécuniaires, ses peuples horriblement grevés, peut à peine tenir 40.000 hommes continuellement sur le pied de guerre.

J'arrivai à Berlin le 27 et en partis le 30 pour Stettin où j'arrivai le 2 mai. Les quarante lieues qui séparent ces deux villes sont aussi généralement sablonnèuses, mais il y a cependant plus de culture, et le sol est moins ingrat. Stettin est une forte et assez jolie ville sur la rive gauche de l'Oder ; elle est très commerçante. Je n'y restai qu'une demie journée ; 20.000 habitants environ ; c'est la capitale de l'ancienne Poméranie : elle l'est encore aujourd'hui de la Poméranie prussienne.

Le 3 mai, j'arrivai à Mark-Stargard, à 10 lieues de Stettin, jolie petite ville dans un sol bien cultivé. Le 4, j'allai coucher à Mark-Friedland, passant par la petite ville de Reetz et Kalties, à environ 22 lieues de Stargard. Le 5 je joignis le général Belliard à Jastrow passant par Deutsch Krone et Freudenfier. Séparé du général depuis plus de 8 mois, je fus très content de le rejoindre à la tête de sa division, craignant surtout de ne pas précéder l'arrivée de l'Empereur à l'armée. La division du général est composée des 1, 2, 3 et 4e régiments Suisses, 3e de Croates et 123e de ligne (Hollandais).

Le 6 mai, nous couchâmes à Preuss-Friedland, 6 lieues environ de Jastrow. Le 7 à Konitz, environ 4 lieues. Le 8 à Niederkrug, très petit village à environ 5 lieues. Le 9, Miradau, à environ 11 lieues : cette journée fut très pénible. La route entière n'est que sables mouvants et forêts de sapin. Le 10, à Stargard Preussich, à environ 3 lieues. Nous y avons resté les 11 et 12, et le 13, le général a établi son quartier général au Bailliage, près Mewe, petite ville sur les bords de la Vistule, ayant toute sa division cantonnée depuis Stargard jusqu'à Mewe, dans un espace d'environ 8 lieues.

Les circonstances actuelles où se trouve l'Europe et particulièrement la France, présentent l'aspect le plus extraordinaire. La France et ses alliés ont à la disposition de l'Empereur Napoléon, au moins 500.000 hommes sous les armes, rendus sur la Vistule. On se perd en conjectures, et on en fait de très extravagantes. Le but de la France, étant et devant être de réduire l'Angleterre à la liberté des mers et à souscrire une paix qui y soit basée, cherche nécessairement à influencer puissamment la Russie pour qu'elle coopère, conformément à ce principe. D'un autre côté, la Russie a besoin de débouchés et d'échanger les produits de son sol contre ceux des fabriques anglaises. La Russie souffre de la fermeture des mers ; mais elle souffre aussi d'une grande consommation d'hommes depuis plusieurs années, et elle se recrute difficilement. La Turquie et la Perse, ses ennemies éternelles et naturelles, sont toujours disposées à lui faire la guerre à la première occasion favorable. Toutes ces considérations balancées donnent lieu de croire à la majeure partie des raisonneurs politiques qu'il n'y aura point de guerre.

L'Empereur Napoléon paraît vouloir pacifier le continent et organiser une nouvelle balance politique en Europe, probablement à l'exclusion des Anglais, à moins qu'ils n'adhèrent au plan proposé. Ce plan, quel qu'il soit, présentera sûrement les deux difficultés essentielles suivantes : 1° d'y faire entrer l'Angleterre et consentir cette puissance à la liberté des mers ; 2° d'en exclure l'Angleterre et d'assujétir la Russie, non seulement à s'en isoler et à lui fermer strictement ses côtes, mais à laisser à la France une grande influence, et même peut-être, la perte de quelques provinces et la formation d'un royaume de Pologne.

Toutes ces difficultés sont majeures. Pour les vaincre, il faut indispensablement que les principales puissances de l'Allemagne traitent de bonne foi, avec désintéressement, et fassent chacune de grands sacrifices pour assurer un bon résultat général. Il est douteux qu'on y parvienne. Cependant la guerre qui existe depuis vingt ans est parvenue dans son cours à réunir les fléaux de toutes celles qui ont existé depuis deux mille ans ; l'histoire n'en offre point d'exemples. Elle porte sur les quatre parties du monde connu. L'Europe entière surtout en est écrasée, et les sources de sa prospérité se tarissent journellement avec des progrès effrayants. L'excès du mal peut, peut-être, en indiquer le remède. C'est une idée sublime de pacifier le monde : toutes les nations paraissent l'espérer du génie de Napoléon. Ce grand œuvre, bien cimenté par lui, le placerait au-dessus de tous les souverains qui l'ont précédé.

La campagne n'étant pas encore ouverte au 18 mai et se trouvant de deux grands mois retardée — plus de 300.000 hommes pouvant agir depuis longtemps — on est naturellement porté à croire qu'il y a des négociations très importantes. Chacun attend le résultat avec impatience.

Le 20, on a appris que l'empereur était arrivé à Dresde le 16.

La nuit du 20 au 21, le général a reçu une estafette du Roi de Naples, de Berlin. Il lui annonce qu'il commande toute la cavalerie de l'armée, et qu'il est nommé son chef d'état-major.

Le 22, M. le duc de Reggio a passé la revue de la division du général Belliard, à Mewe.

Le 31, le Roi de Naples a passé à Mewe et a couché chez le général. Il est parti le 1ᵉʳ juin au matin pour aller à Dantzig y attendre l'Empereur.

Le 28 mai, j'allai à Dantzig pour acheter des chevaux au Roi de Naples. J'y vis le général Rapp, mon ancien camarade d'Égypte. J'en revins le 29 : n'ayant vu cette ville qu'en courant, je n'en ai conservé qu'une idée bien imparfaite. Elle est sur la Vistule, à environ une lieue de la mer. Cette ville, l'entrepôt général de tous les grains de Pologne, faisait par cette seule branche un commerce immense. Il y avait beaucoup de grandes fortunes et une extrême aisance dans toutes les classes des habitants. La guerre actuelle réduit momentanément Dantzig dans la plus grande gêne. La grande quantité d'eau stagnante qui existe continuellement dans cette ville et dans les fossés des fortifications doivent rendre l'air très insalubre dans l'époque des chaleurs. L'empereur a donné un grand développement aux fortifications de Dantzig, et on doit aujourd'hui classer cette place au premier rang. Environ 30.000 habitants.

Le 3 juin, la division du général Belliard se mit en mouvement et se réunit tout entière pour être passée en revue par l'Empereur, qui n'arriva point ce jour-là. Le 4, cette division prit du cantonnement à Riesenburg et aux environs à deux mille et demi de Marienwerder.

Le 9, la division partit de Riesenburg pour se porter à Preuss-Eylau en 5 jours de marche, par Preuss-Mack, Preuss-Holland, Wormditt et Kreutzburg. Le général remit le commandement de sa division le 13 au général Merle, qui vint le remplacer.

Le 14, j'allai à Kœnigsberg avec le général : l'Empereur y était de la veille ; nous nous mîmes en marche pour arriver auprès du Roi de Naples, à minuit le même jour. Nous rejoignîmes S. M. à Gumbinnen où nous arrivâmes le 16, passant par Kreutzbourg, Preuss-Eylau, Preuss-Friedland, Wehlau, Insterburg.

Le 17, le Quartier général du roi se porta à Stollupohnen; le 17, à Wirballin et le 18 à Wilkowizki.

Le 20, l'Empereur arriva à Gumbinnen.

Depuis le commencement de ce mois, toutes les armées sont en mouvement et les corps se forment en colonne d'attaque. Les hostilités doivent commencer incessamment.

Le 23 dans la nuit, l'Empereur fit construire trois ponts sur le Niemen, au-dessus de Kowno, à environ une lieue. Le 24, l'armée commença à passer sans éprouver la moindre résistance.

Ce même jour, près de 200.000 hommes furent sur la rive droite; du 24 au 28, on marcha sans obstacle jusqu'à environ deux lieues de Wilna. Trois régiments d'infanterie, 5 à 6 escadrons de cosaques et deux pièces de canon, n'offrirent presqu'aucune résistance à notre avant-garde et se retirèrent en désordre, évacuant Wilna et brûlant les ponts placés sur la rivière de Wilia et quelques magasins d'approvisionnement. A une demi-lieue de la ville, les habitants vinrent au-devant du Roi, et envoyèrent des députés à l'Empereur Napoléon.

Sa Majesté, après avoir passé trois régiments de cavalerie en revue, entra à Wilna, aux acclamations universelles et spontanées de toute la population, qui parut satisfaite d'être délivrée des Russes et de l'espoir de revoir la Pologne devenir une puissance particulière. Le même jour, plusieurs jeunes gens ont pris du service dans les lanciers polonais.

L'Empereur de Russie était parti depuis trois jours seulement. Il était resté quatre mois dans cette ville. D'après toutes les informations prises, il devait y avoir à Wilna et aux environs, une armée russe de plus de 100.000 hommes. On ne peut s'imaginer comment une armée aussi nombreuse, avec plus de 100 pièces de canon, pouvant prendre des positions magnifiques, non seulement n'a opposé aucune résistance, mais même s'est retirée en désordre ; car on sait que des corps de 3 à 4 mille hommes avec des pièces d'artillerie marchaient sans ordre et sont dans l'embarras. On croit assez généralement que l'Empereur Alexandre opinait pour conserver la paix avec l'Empereur Napoléon, et même plusieurs ministres avec lui. Mais il paraît que ce prince, d'ailleurs personnellement respectable, a un caractère faible et sans résolution et qu'il s'est laissé influencer par le parti anglais et la jeunesse de la Cour. On doit cependant croire raisonnablement que ce gouvernement n'abandonnera pas sans coup férir le pays jusqu'à Riga dont nous ne sommes plus qu'à 80 lieues (40 milles), la grande Lithuanie étant une de ses meilleures provinces, quoiqu'elle ait considérablement souffert par les guerres contre la France depuis cinq ans.

Wilna est une belle ville d'environ 60 mille habitants, majeure partie Juifs; ces derniers surtout montrent une joie fanatique des progrès militaires de la France.

Le 30, nous partîmes de Wilna et vînmes coucher à Ludowo. La cavalerie d'avant-garde tua une dizaine de cosaques et en prit autant.

Le 1er, le Roi porta son quartier-général à Boyarelli? Les ennemis en étaient partis depuis très peu d'heures. Comme ils avaient coupé le pont, il nous a fallu 24 heures pour le rétablir. Depuis le 29, nous avons eu des pluies affreuses jusqu'au 2 au soir.

Le 3, nous nous mîmes en marche pour nous porter sur la petite ville de Swentziany; l'Empereur de Russie en était parti de la veille et son arrière-garde à onze heures du matin. Cette ville a été pillée et ravagée par les troupes russes.

Aujourd'hui 4, nous sommes à 56 lieues de notre point de passage sur le Niemen : exceptée la ville de Wilna et ses environs, toute cette étendue de pays n'offre naturellement que peu de ressources.

Les troupes ennemies, emportant et pillant tout dans leur retraite, brûlant les magasins qu'elles ne peuvent emporter, nos troupes commencent à souffrir beaucoup par le défaut de subsistance, et les chevaux par le manque de grain. Nous sommes encore à 36 lieues de la Dwina.

Le 28 juin, à la revue de l'Empereur à Wilna, l'Empereur m'a nommé chevalier de la Légion d'honneur.

Le 5 au matin, je fus envoyé pour porter les ordres du Roi au général Montbrun, commandant le 2e corps de cavalerie, sur la route de Widzy. Je le joignis à environ 8 lieues de Swentziany; l'arrière-garde de l'armée russe était en présence sur une hauteur avec 8 pièces de canon. Peu d'instants après, le Roi de Naples arriva et ordonna à la division de cavalerie légère, aux ordres du général Sébastiani, de chasser l'ennemi de sa position. Les troupes disposées, et général en tête, chargent vigoureusement.

Les hussards wurtembergeois et le 10e hussard polonais qui formaient la tête, se trouvent seuls aux prises avec quatre régiments de cavalerie russe, en majeure partie de la garde impériale. Malgré la supériorité du nombre, ces derniers prirent la fuite dès les premiers coups de sabre. Je me portai spontanément près du général Montbrun qui m'envoya donner des ordres aux Wurtembergeois et restai avec ce brave régiment jusqu'à la fin de l'affaire. Nous continuâmes avec le reste de la division d'avant-garde une poursuite vigoureuse, presque continuellement touchant la cavalerie ennemie, pendant près de une lieue. Celle-ci, se voyant sur le point de recevoir une nouvelle charge qui lui eût été évidemment fatale, se retira précipitamment sur une hauteur voisine, où le corps ennemi occupait une belle position avec près de 24 pièces de canon. Dès lors, l'affaire devint, de part et d'autre, un combat d'artillerie, qui dura jusqu'au coucher du soleil. Celle de l'ennemi ne nous occasionna que la perte de deux artilleurs tués et 3 blessés, 7 chevaux morts. La perte des régiments qui ont chargé consiste en 15 hommes qui manquent et dont la majeure partie sont restés prisonniers entre les mains des Russes.

L'ennemi, de son côté, a éprouvé des pertes fort sensibles par le feu de notre artillerie placée à très petite portée et dans une position avantageuse. D'après les renseignements recueillis, il a eu 300 hommes blessés et au moins une soixantaine de morts. J'ai vu, sur sa position, plus de 100 chevaux morts par notre feu. Nous avons fait en outre plus de 150 prisonniers ; presque autant de polonais de la cavalerie ennemie ont déserté.

La différence prodigieuse entre la perte de l'ennemi et la nôtre me paraît provenir de ce que ces premiers se sont obstinés à garder leur position, rangés à découvert en bataille, très près de notre artillerie. Leurs pièces n'ont pu nous incommoder aussi sensiblement, tirant de haut en bas et étant presque toujours dérangées dans leur effet par des mamelons qui les forçaient à tirer trop haut. Les nôtres n'éprouvaient pas cet inconvénient, tirant de bas en haut, et voyant l'ennemi de pied en tête. Il paraît de plus que nos artilleurs ont mieux ajusté que les Russes. Notre cavalerie était placée de manière à ne pouvoir souffrir. Si, malgré ses pertes, l'ennemi a tenu ses positions jusqu'à la nuit, on s'est convaincu que c'était pour favoriser la retraite des corps qui étaient à Widzy. En effet, le lendemain 6 j'ai été avec le général Sébastiani, en découverte jusqu'à une lieue de cette ville, où le général entra dès le même jour.

Il est évident que l'ennemi a beaucoup de timidité et d'incertitude, on pourrait même dire de découragement. Il n'y a pas de vraisemblance qu'il s'arrête avant Dünabourg, forteresse située sur la Dwina. Ses troupes, dans leur retraite, dévastent et saccagent le pays et commettent les plus affreux excès.

Le 8 au soir, le Roi porta son quartier-général à Dawgieliszki, à 6 lieues de Swentziany.

Le 9, nous vînmes à Widzy, petite ville d'environ 6 mille habitants à 6 lieues de Dawgieliszki. On apprend que l'ennemi continue à se retirer, et il est incertain s'il s'arrêtera sur la Dwina. Widzy est pour la Pologne une ville assez grande d'environ 4 à 5.000 habitants, bien située dans un bon pays.

Le 12, le Roi vint à Belmonte, terre et château du comte de Manitzki, grand propriétaire. Aujourd'hui, d'après le rapport des avant-postes français, l'ennemi paraît vouloir tenir fortement sur la rive droite de la Dwina, et semble même vouloir tenir tête sur la rive gauche, en avant de la forteresse de Dünabourg, vers Druia. Dans ce moment sont en ligne les 2e et 3e corps sous les ordres des maréchaux Oudinot et Ney ; les 1er et 2e corps de la réserve de cavalerie aux ordres des généraux Nausouty et Montbrun ; de plus, les 1re, 2e et 3e divisions du 1er corps (prince d'Eckmühl). Toutes ces troupes étant à la disposition du Roi, nous n'avons qu'à espérer du succès d'un engagement contre l'ennemi. Je ne crois pas que l'ennemi tente une résistance opiniâtre sur la rive gauche de la Dwina, et qu'il l'évacuera entièrement dès que nous passerons sur la rive droite.

Belmonte est à 7 lieues de Widzy. Le Roi resta à Belmonte jusqu'au 19 ; ce jour, nous vînmes coucher à Nawsoki, à 6 lieues de ce château. Le 20, à Disna, petite ville (à 12 lieues de Nawsoki) située entre la rivière de son nom et la Dwina. Depuis hier, nos troupes commencent à s'établir sur la rive droite de cette dernière rivière. L'ennemi n'a fait aucune résistance et paraît toujours battre en retraite. On croit que les armées russes cherchent à se concentrer en arrière à un point intermédiaire entre Moscou et Pétersbourg et que ce mouvement a, en même temps, pour but de rallier le corps du général Bagration (fort d'environ 7.000 hommes), qui paraît avoir été séparé du gros des armées russes par notre passage du Niémen à Kowno.

L'ennemi paraît avoir jugé que l'Empereur Napoléon dirigerait sa principale opération du point de Varsovie. Aujourd'hui, toute la rive droite de la Dwina semble abandonnée par les Russes jusqu'à Riga, excepté les garnisons de Dünabourg et Riga. L'Empereur Napoléon est, aujourd'hui 21, à Glubokoé. Le 15, il y eut à la division Sébastiani une échauffourée où nous perdîmes une centaine d'hommes. Le général Saint-Geniès resta prisonnier avec une soixantaine d'hommes.

Disna est ce qu'on appelle, en Pologne et en Russie, une ville ; je l'estime de 2.500 à 3.000 habitants. Sa position entre deux rivières y a établi un commerce de transit en grains et farines.

Le 21, nous vînmes à Polotzk, sur la Dwina, à environ 18 lieues de Disna, petite ville un peu plus grande que la précédente, sur la rive droite de cette rivière.

Là on a pu observer que l'ennemi suivait son mouvement de retraite par la rive gauche.

Le Roi se porta le 23, sur Ula, autre petite ville à 8 lieues de Polotsk et de là, sans s'arrêter, arriva le 24 à Beszenkowicz où se trouvait l'Empereur Napoléon, à 10 lieues d'Ula.

Le 25, il rencontra l'arrière-garde russe à environ deux lieues en avant de cette ville, lui prit 8 pièces de canon et lui fit quelques centaines de prisonniers.

Cette affaire fut d'autant plus jolie que nous n'y avions que deux bataillons d'infanterie, contre une artillerie nombreuse. Depuis ce jour nous avons marché, nous battant sans discontinuer, jusqu'à Witepsk, dans un espace d'environ six lieues. Une division de l'armée d'Italie, aux ordres du Vice-Roi, suivit l'ennemi dans les forêts en battant la charge pendant 4 heures, jusqu'à 9 heures du soir.

Le 28, nous entrâmes à Witepsk et poursuivîmes jusqu'à six lieues en avant sur la route conduisant à Moscou.

Witepsk est une des plus grandes villes qui se soit offerte à nous depuis le passage du Niémen. Elle me paraît faire au moins la moitié de Wilna et est située sur la rive gauche de la Dwina.

Le 29, il se confirme que l'ennemi continue sa retraite entre la Dwina et le Dniéper ; il paraît hors de doute que le prince Bagration s'est réuni au gros des armées russes.

L'arrière-garde de Barkley de Tolly que nous rencontrons depuis les premiers jours de ce mois, quoique n'opposant presque aucune résistance, se retire dans le meilleur ordre, emportant tous ses malades et blessés, mais brûlant les magasins et les ponts. Le défaut de subsistance dans nos armées force à souffrir le pillage partout où on passe : fâcheuse et déplorable extrémité !

Le 29, nous nous portâmes à Ianowici, petite ville à 9 lieues de Witepsk ; le 30 à Kolycki à 8 lieues de Ianowici ; le 31 à Matuzzevo, château à 2 lieues en arrière de Nikaolino.

Aujourd'hui 2 août, les rapports des corps avancés donnent lieu de croire que les Russes rassemblent leurs forces à Smolensk, sur le Dniéper (rive droite).

Le 6, j'ai reçu ma nomination de colonel, du 4 courant.

Le 7, le Roi de Naples partit pour aller voir l'Empereur à Witepsk.

L'Empereur a ordonné que les armées prennent du repos depuis le commencement de ce mois.

Aujourd'hui 8, d'après les rapports de beaucoup de déserteurs, les armées russes ne paraissent pas vouloir tenir à Smolensk, comme l'ont prétendu plusieurs généraux.

Le nombre des déserteurs (même russes proprement dits) qui arrivent journellement aux avant-postes français, et qui est très considérable, annonce dans l'armée ennemie quelque désorganisation dont le principe me paraît particulièrement dans l'incertitude du gouvernement russe, son indécision, sa faiblesse et peut-être aussi le découragement et la pénurie de subsistance.

Le quartier général du Roi est toujours à Matuzzevo.

Aujourd'hui 8, l'ennemi avec 12.000 hommes et 20 pièces de canon a attaqué la division d'avant-garde du général Sébastiani, forte d'environ 2.000 chevaux. Cette division s'est battue pendant 6 heures et a fait la plus belle résistance, en se retirant d'environ 2 lieues ; l'ennemi s'est replié à ses anciennes positions. Nous avons perdu dans cette affaire, fort honorable pour nos troupes, en morts, blessés ou pris, environ 300 hommes.

L'armée russe paraît avoir été réunie à Smolensk au nombre d'environ 200 mille hommes. D'après le rapport des déserteurs et des prisonniers, on fit circuler qu'on allait marcher prendre l'offensive. En effet, le 6, le corps ci-dessus se mit en marche à 9 heures du soir. Sa retraite après l'attaque ci-dessus et le silence du reste de l'armée jusqu'à ce jour, annoncerait plutôt que ce n'était qu'une simple reconnaissance pour nous faire croire à la présence du gros des troupes ennemies, et qu'elles vont encore continuer leur marche rétrograde dans la direction de Moscou.

Le 14, nous rencontrâmes l'ennemi à la petite ville de Kalowa ; nous l'en chassâmes et lui prîmes 8 pièces de canon, 1.000 à

1.200 hommes et lui en tuâmes 5 à 600. La division d'arrière-garde ennemie dont ce corps était composé, d'environ 7 mille hommes y compris 1.000 à 1.200 Cosaques, nous opposa la plus extraordinaire résistance, quant à l'infanterie, que les Cosaques abandonnèrent dès la première charge. Cette infanterie se forma en deux bataillons carrés : nous avions 8.000 hommes de cavalerie qui, dans l'espace de plus de trois lieues, fournirent plus de 20 charges sur ces deux carrés sans pouvoir les enfoncer. Cependant plusieurs charges détruisirent des rangs entiers. Une charge surtout tua 200 hommes et en prit autant. Ajoutez au désavantage des Russes que 20 pièces d'artillerie les mitraillaient sans cesse à portée de pistolet. C'est un exemple frappant de la supériorité de l'infanterie sur toutes les autres armes. Les 8 pièces de canon furent enlevées par une charge de cavalerie ; aucun doute que nous ne prissions cette colonne jusqu'au dernier homme, si nous eussions eu seulement 2.000 hommes d'infanterie. Le résultat de cette affaire, fort glorieuse pour l'armée française, ne coûta pas 100 hommes tués ou blessés. La raison en est que les carrés ennemis étaient si serrés que presque tous les soldats étaient forcés de tirer en l'air. C'est un fait de toute vérité et qui ne paraît pas croyable.

Le 16, nous arrivâmes devant Smolensk, sur le Dniéper. Les ennemis annonçaient depuis le commencement de cette guerre à toute la Russie que, toujours vainqueurs sur cette position dans les anciennes guerres, les Français y trouveraient leur perte.

La situation de Smolensk est, en effet, un point militaire de défense d'un avantage prodigieux. Le 17, nous resserrâmes l'ennemi dans la ville à portée de pistolet. Le 18, nous attaquâmes sur tous les points Smolensk, fortifié par une simple muraille d'ancien style et flanqué de quelques bastions en terre sur lesquels l'ennemi avait placé plus de 100 pièces d'artillerie. L'affaire fut extrêmement vive ; l'ennemi se défendit vigoureusement ; notre artillerie alluma un incendie dans moitié de la ville ; l'ennemi l'évacua incendiant lui-même les faubourgs avec son artillerie, de manière que cette ancienne et assez belle ville est aux 7/8e réduite en cendres. La perte de l'ennemi dans ces deux journées me paraît devoir être, sans exagération, d'au moins 2.000 hommes en tués, blessés et prisonniers. Nous avons eu 5 à 600 blessés et une centaine de morts. Un général de division russe fut tué et enterré par nous à Smolensk.

Le 19, nous nous établîmes dans la ville, nous en partîmes le 19. A 3 lieues de Smolensk, nous rencontrâmes l'ennemi dans une belle position avec 4 corps de l'armée russe : un combat des plus violents s'engagea à environ 4 heures du soir et ne finit qu'à 10. Nous enlevâmes toutes les positions de l'ennemi, nos troupes firent des prodiges de valeur; l'ennemi se défendit avec opiniâtreté. Un général russe fut tué et un autre fait prisonnier; l'ennemi eut en outre 2 à 8 cents morts et plus de 3.000 blessés. De notre côté, nous avons perdu 200 ou 300 hommes tués et 1500 blessés.

Le général Gudin eut une jambe emportée. Cette affaire, à mon avis, pouvait avoir des résultats beaucoup plus avantageux et coûter infiniment moins ; elle fait, au surplus, le plus grand honneur à nos troupes.

Le 20, nous suivîmes l'ennemi pendant 4 lieues sans pouvoir l'atteindre.

Le 24, à environ 4 lieues de Dorogobow, nous trouvâmes l'ennemi occupant une ligne de plus de deux lieues. Nous vîmes qu'il avait fixé son champ de bataille dans cette position. Mais le lendemain 25, non seulement il avait évacué cette belle position, mais encore la ville de Dorogobow, où nous entrâmes le même jour sans résistance. Il est probable que l'ennemi n'aurait fait toutes ces démonstrations que pour arrêter un peu nos avant-gardes, et faire filer les immenses bagages qui étaient encombrés dans cette partie : il est à présumer qu'on lui aurait fait beaucoup de mal en enfonçant vigoureusement sa ligne comme on le pouvait.

Depuis 15 jours, les Russes incendient les villes et villages sur la grande route après les avoir pillés ; nous ne trouvons plus un seul habitant.

Le 29, nous chassâmes fortement les Russes devant nous jusque dans les bois à 4 verstes de Viazma. Le 30, nous entrâmes dans cette ville, une des plus jolies que nous ayons rencontrées depuis le Niémen. Elle n'a pas autant souffert de l'incendie, parce que nous n'en donnâmes pas le temps nécessaire aux Russes.

Les 31 août et 1ᵉʳ septembre, après avoir bataillé continuellement contre près de 20 mille hommes de cavalerie russe, nous entrâmes le 1ᵉʳ septembre dans Gjatsk, jolie petite ville élégamment bâtie dans le style russe.

D'après ce qu'on apprend par les prisonniers et déserteurs, il règne la plus grande confusion dans le gouvernement russe et le Sénat de Moscou, et beaucoup de mésintelligence entre les principaux généraux, surtout entre Bagration et Barkley de Tolly. On assure que ce dernier est remplacé par Kutusow. On paraît répandre le bruit dans les armées russes qu'on ne veut livrer bataille qu'à Moscou.

Du 1er au 5 septembre, les armées continuèrent leur marche sans obstacle sérieux, mais à petites journées, parce que les forces de l'arrière-garde ennemie se grossissant, on dut présumer qu'il y aurait bientôt une bataille. En effet, le 5 au matin, à environ vingt lieues de Moscou et deux lieues de la petite ville de Mojaïsk, on aperçut toute l'armée russe en ligne dans des positions fortement retranchées qu'on estima garnies d'au moins 200 bouches à feu. L'Empereur ordonna, dans l'après-midi du même jour, d'attaquer une redoute qui couvrait la gauche de l'armée ennemie. Les Russes furent promptement repoussés jusque dans la redoute qui fut enlevée, avec une rare valeur, par le 61e régiment de ligne. Mais les Russes s'obstinant à la conserver, vu son importance pour couvrir une partie de leur ligne, y envoyèrent des forces considérables en infanterie et cavalerie. Il s'établit donc, sur ce petit point, un combat très meurtrier et très opiniâtre qui dura jusqu'à 9 heures du soir. Enfin, les Russes, après avoir fait en vain les plus grands efforts, se retirèrent, laissant 1.000 à 1.200 morts sur le champ de bataille. Nous avons su depuis que leur perte, dans cette affaire, était au delà de 6.000 hommes. Nous avons eu environ 1.200 hommes hors de combat.

Le 6, l'Empereur laissa reposer les troupes et prit ses dispositions ; il établit sa tente auprès de la redoute prise la veille.

Le 7, l'Empereur fut sur pied dès 2 heures du matin. Les troupes furent disposées dans le meilleur ordre, sur une ligne d'environ trois lieues faisant face à celle de l'ennemi. Au soleil levant, l'attaque commença sur tout le front mais particulièrement sur la gauche de l'ennemi. Nos troupes s'emparèrent successivement des redoutes et d'une bonne partie de l'artillerie russe. Ce fut une épouvantable bataille sur toute la ligne, jusqu'à environ 7 heures du soir, l'ennemi présentant continuellement des troupes nouvelles pour reprendre ses positions, mais surtout, vers le soir, pour soutenir sa retraite qui devenait extrêmement embarrassée par le nombre énorme de ses blessés, de son artillerie, etc. D'après ce que nous avons appris depuis des ennemis même, cette bataille leur a mis hors de combat plus de 35 mille hommes et de 4 mille chevaux. Les 5 et 7 leur coûtent près de 45 mille hommes. Notre artillerie fit des prodiges et un mal inouï à l'ennemi. Les Russes ont laissé plus de huit mille hommes étendus morts sur le champ de bataille et au delà de 2.000 chevaux.

Presque tout le succès de cette bataille qui, d'ailleurs n'a pas été incertain un seul instant, est dû au zèle infatigable, au courage extrême et la rare ardeur du Roi de Naples, commandant la cavalerie. Aussi, cette arme a-t-elle, en proportion, souffert plus que les autres. L'état-major du Roi ainsi que sa personne ont couru plus de danger, dans cette journée, que dans toutes les campagnes précédentes réunies.

La perte des Français n'est pas moindre de 10 mille blessés et 2 mille morts. Nous avons eu 34 généraux hors de combat, dont les trois quarts dans la cavalerie.

Une étendue, d'environ 6 lieues de terrain, resta couverte d'hommes et de chevaux morts ou blessés, d'artillerie, de bagages, d'armes, etc. L'Empereur, parcourant le champ de bataille le lendemain, répéta plusieurs fois que c'était, sans exception, le plus épouvantable qu'il eût vu. Il appelle la bataille, bataille de la Moscowa, nom d'une petite rivière qui traversait notre aile gauche.

Le lendemain 8, le Roi continua sa marche sur Mojaïsk ; le général Belliard fut blessé, d'un boulet, en avant de cette petite ville où nous entrâmes le 9.

La marche des armées s'est continuée sur Moscou, à petites journées et avec précaution, dans la supposition que l'ennemi présenterait de nouveau le combat en avant de cette cité. Mais le 14, il envoya des parlementaires recommander ses blessés et la ville, annonçant qu'il se retirait. En effet, nous entrâmes ce jour même à Moscou, pêle-mêle avec les cosaques qui buvaient avec nos soldats, observant les uns avec les autres un armistice spontané. Cet armistice durait encore hier soir 15, les cosaques buvant avec les soldats français. Nos troupes sont à deux lieues en avant de Moscou, sur la route de Pétersbourg.

Aujourd'hui 16, les choses sont dans le même état. Il est certain que le gouvernement russe est dans le plus grand désordre. Il paraît que le Sénat empêche l'Empereur de faire des démarches pacifiques auprès de l'Empereur Napoléon.

Les troupes russes sont dans un grand découragement et fort délabrées; il est resté, à Moscou, en blessés, malades ou égarés, plus de 20 mille Russes.

La ville de Moscou est une cité immense, grande deux fois comme Paris au moins. Mais une bonne partie de son étendue est employée en jardins. Les couvents et établissements publics occupent ensuite une autre forte partie, de manière que Moscou qui pourrait contenir plus d'un million d'habitants, ne me paraît pas avoir au delà de 300 ou même 250 mille âmes.

Moscou ne ressemble à aucune autre ville d'Europe; ce sont des palais magnifiques et de beaux quartiers jetés comme du grain de blé dans un champ; mais, au total, c'est une ville superbe. La majeure partie des habitants, les grands surtout, ont suivi l'armée russe, beaucoup fuient encore, parce que nos troupes se livrent au pillage, de concert avec les soldats russes restés dans la ville, et parce que ces derniers mettent le feu en beaucoup de quartiers.

Du 15 septembre au 4 novembre, il n'y a eu aucun événement militaire important.

L'incendie de la ville a continué à tel point jusqu'au 18 septembre qu'à peine en reste-t-il un quart aujourd'hui. Ce désastre épouvantable a été combiné et organisé en système par le gouvernement russe lui-même et le plan a été exécuté par M. Rostopschin gouverneur de Moscou, homme vénal, odieux à la nation russe et qu'on assure avoir reçu quatre millions de francs du parti anglais. Un grand nombre de criminels ont été élargis et gratifiés, ainsi que des soldats et autres habitants de Moscou pour mettre le feu dans tous les quartiers à la fois : des officiers même paraissent avoir été laissés pour l'exécution du plan. Le parti des hommes qui dominent l'esprit de l'Empereur, et qui est loin d'être la partie la plus sensée, s'était persuadé pouvoir étouffer la majeure partie de l'armée française dans les flammes. La conduite sage et prévoyante des habitants de Moscou me paraît avoir surtout porté à une mesure aussi cruelle qu'inouïe. Ces habitants, au premier bruit du succès des armées françaises, prévoyant qu'ils allaient avoir un immense besoin de vivres et de fourrages, avaient fait des approvisionnements extraordinaires, immenses, destinés soit à leurs soldats vaincus, soit aux troupes victorieuses de l'empereur Napoléon ; à tel point que ce n'est pas exagérer de dire qu'en sus des provisions nécessaires à la ville, l'armée française entière y trouvait des vivres pour deux ans, sans la catastrophe de l'incendie qui a enlevée la grande majorité des ressources. Néanmoins, malgré le pillage exercé dans Moscou pendant plus de quinze jours ; malgré le désordre qui a régné et qui dure encore en partie, on a réuni des farines et beaucoup d'autres objets pour 50.000 hommes pendant plus de quatre mois.

Depuis le 7 septembre, le Roi de Naples s'est porté avec l'avant-garde dans la direction de Podol et de Kaluga. Le 28 septembre, il y eut une affaire assez chaude où 5.000 Polonais repoussèrent plus de quinze mille Russes.

Le 4 octobre, les Russes au nombre de plus de quarante mille attaquèrent notre avant-garde qui n'a pas au delà de quinze mille combattants. Le combat fût opiniâtre ; les ennemis s'acharnèrent à plusieurs reprises et néanmoins furent repoussés et se retirèrent à environ quatre lieues. Il s'en suivit une espèce d'armistice, pendant lequel les généraux russes vinrent visiter et complimenter le Roi. Sa Majesté a rompu elle-même l'armistice peu de jours après, les Russes n'ayant pas voulu l'étendre sur toute la ligne et inquiétant continuellement nos fourrageurs.

Aujourd'hui 17 octobre, les choses sont dans le même état ; quoique l'armistice se soit rompu à l'avant-garde, on ne s'est point battu depuis le 4. Il est certain qu'on négocie ; rien ne transpire : on évacue les malades et les blessés sur les derrières de l'armée. Par ce moyen, l'Empereur sera entièrement libre pour tous les mouvements de ses troupes.

Nous avons logé à Moscou, dans le palais du prince Razumofski, l'un des plus beaux de cette ville.

Le 18, on a appris à Moscou, que l'ennemi s'était porté en forces supérieures sur le corps d'avant-garde aux ordres du Roi, avait surpris et cerné une partie du 2ᵉ corps de la réserve de cavalerie, pris et tué 1.200 à 1.500 hommes et la majeure partie des bagages des officiers de tout grade. Malgré cette forte échauffourée, le Roi ayant rétabli l'ordre avait fait faire des charges de cavalerie qui firent beaucoup de mal à l'ennemi et arrêtèrent son mouvement. On peut regarder, en résultat, cette affaire comme très honorable pour le corps du Roi, puisque le corps russe qu'il avait en face était d'environ 45.000 hommes et que S. M. avait à peine 15.000 combattants, fatigués par une disette extrême depuis plus d'un mois et presque tous les chevaux de la cavalerie et de l'artillerie hors d'état de servir.

L'événement ci-dessus et le peu d'espoir d'arrangement avec le gouvernement russe, l'hiver imminent et les forces ennemies qui inquiètent nos derrières sur le Dniéper, la Dwina et jusque vers le Grand-Duché de Varsovie ont décidé, mais beaucoup trop tard, la retraite sur la rive gauche du Niémen, en Prusse et dans le Grand-Duché de Varsovie.

Le 18 au soir, on ordonna à toutes les troupes de se mettre en marche sur la route de Kaluga où se trouvait le Roi, à environ quinze lieues de Moscou. Le maréchal Davout resta à Moscou avec 5 ou 6 mille hommes et devait suivre la route de Smolensk par Mojaïsk qu'avait prise l'armée en marchant en avant, après avoir détruit le palais des czars et les établissements publics autre que les hôpitaux et autres destinés à secourir et à recevoir les malheureux, ce qui a été en effet exécuté.

Cette retraite par Kaluga avait le double but de faire passer l'armée par un pays neuf où elle put trouver des vivres et du fourrage, et en même temps pour détruire à Tula l'immense fonderie et autres établissements considérables d'artillerie que le gouvernement russe y entretient, et qui est le principal de tout l'Empire russe et même l'unique sous beaucoup de rapports.

Huit jours après notre entrée à Moscou, rien de plus facile que cette marche et cette opération. Les batailles des 5 et 7 septembre avaient terrifié les armées russes ; elles étaient comme disloquées momentanément. Au contraire, les armées françaises toujours victorieuses, se reposant toutes à Moscou pendant peu de jours, se réparaient suffisamment, se gorgeaient de vivres et de toutes choses. Elles pouvaient donc tout entreprendre, marcher sans aucune résistance notable, arriver sur la Dwina avant les rigueurs de l'hiver, dissiper ou détruire les corps russes qui s'étaient portés sur nos derrières et prendre des quartiers d'hiver sur la Vilia et le Niémen, en conservant Wilna point très important pour maintenir le mouvement insurrectionnel des Polonais contre le gouvernement russe.

Vingt-cinq jours de séjour de trop à Moscou ont donc causé tous les malheurs qui ont accompagné nos armées dans la retraite épouvantable qu'elles ont faite jusqu'au Niémen, terrifiées par la misère et le froid excessif de ces contrées.

Le 19, toute l'armée était donc en marche sur la route de Kaluga. Le 20, on se réunit au Roi. On ne rencontra aucune résistance jusqu'à la petite ville de Malo-Jaroslavetz, position très avantageuse sur la route de Kaluga. L'ennemi sur lequel on croyait avoir gagné deux marches s'y trouva déjà placé avec une nombreuse artillerie. Cette position aurait pu s'enlever avec peu de perte, en tournant l'ennemi par ses flancs. Le 4e corps, aux ordres du Vice-Roi, l'attaqua de front et finit par l'enlever, mais après un combat long et sanglant où nous eûmes plus de 1.200 hommes hors de combat, et où nous fîmes des pertes sensibles en officiers généraux et supérieurs.

Cette affaire qui occupa deux jours fit perdre un temps précieux et commença à donner à nos ennemis le secret de notre misérable situation.

Dès lors, il fût résolu de revenir sur ses pas et de suivre la route de Mojaïsk déjà si ruinée et si dévastée. Ce changement de direction commença à affecter vivement le moral des troupes qui, au lieu d'avoir un bon pays pour leur retraite comme elles le croyaient naguère, eurent la certitude d'une misère continue dans un pays tout ruiné, qu'elles avaient déjà parcouru et qu'elles devaient encore parcourir pendant plus de deux cent cinquante lieues.

On rejoignit donc Mojaïsk par Borowsk et Wercia. A Viazma, on trouva quelques ressources de peu d'importance, dont profita à peine une partie de la garde.

Le prince d'Eckmühl qui faisait l'arrière-garde se trouva sur les hauteurs de Viazma en présence des forces que le 4e corps avait combattues à Malo-Jaroslawetz, beaucoup renforcées, et qu'on portait au delà de 40.000 hommes avec beaucoup de cavalerie et une nombreuse artillerie. L'ennemi était à cheval sur la route de Kaluga à Viazma et fermait, par conséquent, le passage au 1er corps. Nos troupes, par une extrême valeur, se firent jour à la baïonnette, malgré la supériorité du nombre des ennemis et les mauvaises dispositions qui furent faites. Mais le 1er corps perdit presque toute son artillerie, ses bagages, ses blessés et bon nombre de prisonniers. A Viazma, le 3e corps, aux ordres du maréchal Ney, fut chargé de l'arrière-garde. Cette affaire eut lieu le 3 octobre depuis 10 heures du matin jusqu'à 3 heures après-midi.

La démoralisation de nos troupes augmenta beaucoup dans cette circonstance.

Les 1er et 4e corps, quoique avec beaucoup de soldats encore, ne présentaient plus l'image d'un corps de troupes régulières. Les officiers et soldats marchaient sans tenue, sans réunion et isolément et beaucoup de soldats jetaient leurs armes.

Néanmoins, la retraite du gros de l'armée continua jusqu'à Smolensk sans événement majeur de la part de l'ennemi; mais la neige et la glace augmentèrent fortement le froid. Nos soldats mouraient de ce fléau, joint à la pénurie de vivres qu'ils éprouvaient.

Les chevaux crevaient, et on abandonnait artillerie et bagages.

On arriva à Smolensk le 10. Il y avait beaucoup de subsistances dans cette place ; mais le désordre et la nécessité d'une prompte marche réduisirent presque à rien ces précieuses ressources qui, bien ordonnées, pouvaient refaire toute l'armée. On était d'autant plus pressé de partir de Smolensk qu'on savait le 3e corps vivement serré dans sa marche,....

MACON, PROTAT FRÈRES, IMPRIMEURS

www.ingramcontent.com/pod-product-compliance
Lightning Source LLC
Chambersburg PA
CBHW060626050426
42451CB00012B/2457